aloma

100 PRIMEIRAS PALAVRAS

ALIMENTOS

bonbini books

AS PALAVRAS E AS IMAGENS DESTE LIVRO FORAM ESPECIALMENTE SELECIONADAS PARA A CRIANÇA BRASILEIRA CONSIDERANDO A NOSSA REALIDADE.

É UMA OPORTUNIDADE PARA O NOSSO BEBÊ LEITOR AMPLIAR O SEU VOCABULÁRIO E APRENDER SOBRE O MUNDO QUE NOS CERCA.

FRUTAS

LARANJA

UVA

MAÇÃ

PERA

ABACAXI

BANANA

MORANGO

CEREJA

MAMÃO

MELÃO

PITANGA

AÇAÍ

MELANCIA

GOIABA

CARAMBOLA

JABUTICABA

MANGA

CAJU

TANGERINA

ABACATE

GRAVIOLA

CACAU

LIMÃO

COCO

LEGUMES E VERDURAS

BRÓCOLIS

TOMATE

TOMATINHO CEREJA

BETERRABA

MANDIOQUINHA

CENOURA

BATATA

MANDIOCA

COUVE-FLOR

ALFACE

PEPINO

COUVE

CHUCHU

ESPINAFRE

LENTILHA

ARROZ

FEIJÃO

MILHO

ERVILHA

PRATOS PRONTOS

CHÁ

LEITE

ACHOCOLATADO

CAFÉ

MANTEIGA

QUEIJO

MEL

REQUEIJÃO

PÃO DE FORMA

PÃO FRANCÊS

BOLACHA

PÃO DE QUEIJO

CACHORRO-QUENTE

QUEIJO FATIADO

PRESUNTO FATIADO

MISTO-QUENTE

HAMBURGUER

BATATA FRITA

BATATA SMILE

PIPOCA

PIZZA

PASTEL

COXINHA

QUIBE

LASANHA

MACARRONADA

QUEIJO RALADO

CARNINHA

MACARRÃO DE LETRINHAS

PURÊ

FEIJOADA

BIFINHO

FRANGO

SALSICHA

LINGUIÇA

OVO COZIDO

OVO DE CODORNA

OVO FRITO

SUSHI

SASHIMI

CAMARÃO

PEIXINHO

SOPA DE LEGUMES

CANJA

SOPA DE FEIJÃO

VINAGRE

SAL

AZEITE

CHOCOLATE

PICOLÉ

SORVETE

PUDIM

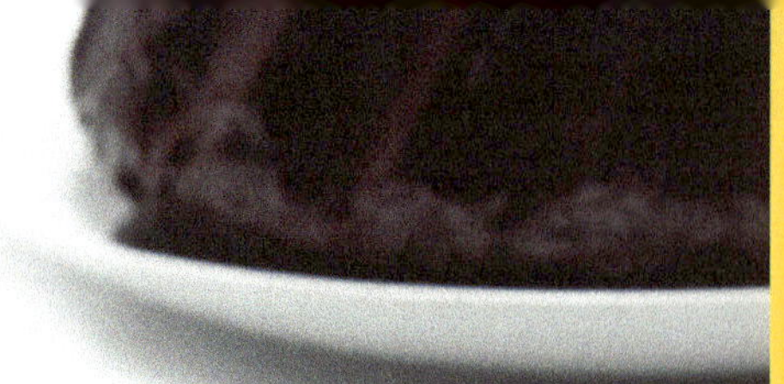

BOLO DE CHOCOLATE

TORTA DE MORANGO

CEREAL

AÇÚCAR

BOLACHA DOCE

PÉ DE MOLEQUE

AVEIA

BALINHA

CHICLETE

GELATINA

GOIABADA

IOGURTE

JUJUBA

BRIGADEIRO

BOLO DE ANIVERSÁRIO

GELEIA

ÁGUA

SUQUINHO

AQUILO QUE A GENTE USA PARA COMER

PRATO

GARFO

COLHER

FACA

BABADOR

GUARDANAPO

PANELA

XÍCARA

JARRA

COPO

TOALHA DE MESA

CADEIRA

DICAS PARA PAIS E EDUCADORES

- Sempre mostrar para a criança onde, na página, se localizam o texto e a imagem. Use a ponta do dedo para fazer essa indicação.
- Escolher momentos tranquilos para a leitura – evitando relacionar o livro com os momentos de choro ou de "crise".
- O contato com os livros pode ser frequente, mas é importante escolher um momento certo na rotina diária da criança para a realização da leitura – antes da soneca da tarde ou do sono da noite, por exemplo.
- Ler com a criança no colo.
- Ler com a criança ao seu lado.
- Ler de frente para a criança, com o livro voltado para ela.
- Sempre ler em voz alta.
- Comentar algo sobre o texto e a imagem.
- Relacionar o conteúdo do livro com outras experiências da criança (outras fotos, outros livros, pessoas ou lugares).
- Comentar sobre a estrutura do livro: mostre a capa, as ilustrações e as fotografias.
- Ensinar como segurar o livro e virar as páginas.

- Deixar a criança folhear o livro a vontade, mesmo que as folhas fiquem um pouco "amassadinhas".
- Não deixar a criança colocar o livro na boca e tampouco atirá-lo no chão ou passar por cima dele.
- Ter sempre em mãos, mesmo nas situações de passeio (fora de casa), um livro para ler.
- Ensinar que o livro deve ser guardado em um local seguro, longe do chão.
- Criar a prateleira de livros do seu "bebê leitor", guardando-os sempre no mesmo local. Assim ele já sabe que é ali que a sua biblioteca se encontra.

SOBRE A OBRA

Criado a partir da nossa realidade, os livros da Coleção 100 Primeiras Palavras que Toda Criança Brasileira deve Conhecer foram elaborados para incentivar a leitura desde a mais tenra idade, com foco na criança pequena, ainda bebê.

As cores do livro, a tipologia do texto, as fotografias e as ilustrações foram especialmente criadas para permitir uma perfeita interação entre o "bebê leitor" e o livro. Acompanhada por um leitor adulto e de forma divertida, a criança poderá relacionar as fotografias com o texto e conhecer um pouco mais sobre o mundo e a natureza que a cercam. As fotografias favorecem o contato da criança com elementos bem brasileiros. Um pouquinho do Brasil é apresentado ao "bebê leitor". Ao contrário dos livros acartonados ou feitos de plástico, os livros da Coleção 100 Primeiras Palavras mantêm as suas características tradicionais e permitem o contato do "bebê leitor" com um objeto social real, tal como ele existe concretamente em nosso dia a dia. Com isso, a criança aprenderá a manipulá-lo com segurança, reconhecendo desde o início os cuidados necessários para a sua conservação.

SOBRE A AUTORA

Nada mais gostoso do que ter uma criança bem pertinho da gente e soprar em seus ouvidos as palavras mágicas saídas de um livro. Nada mais surpreendente do que aprender coisas novas ou encontrar em um livro algo que já sabemos.

Sou mãe, professora, escritora, mas principalmente uma leitora... O desenvolvimento do vocabulário da criança brasileira sempre foi uma preocupação em meus trabalhos. Faltava criar algo para o bebê leitor, considerando a nossa realidade. Isso por que a literatura de berço no Brasil é quase toda estrangeira. Minha intenção é apresentar um conjunto de palavras que dialogue com o cotidiano da família, da escola e da criança brasileira. Outro desejo como educadora é estabelecer parâmetros claros para a aprendizagem das crianças. Na escola e fora dela. O que os nossos bebês têm condições de aprender aos 10, aos 18 e aos 24 meses? Os livros da Coleção 100 Primeiras Palavras que Toda Criança Brasileira deve Conhecer procuram responder a esse questionamento, ajudando pais e educadores a estabelecerem objetivos e a desenvolverem atividades na certeza de que seus bebês estão aprendendo.

Conheça o meu trabalho no blog www. bebeleitor.com.br.

Aloma

Espalhando livros, formando leitores!

NOSSA MISSÃO

Publicar livros de qualidade que permaneçam na mente dos nossos leitores como fonte preciosa de conhecimento e de entretenimento.

Bebê Leitor é marca registrada da Bon Bini Books, selo internacional da Editora Bamboozinho.
São Paulo/SP - Brasil • Miami/FL - EUA

Conheça os nossos livros: www.bonbinibooks.com
Acompanhe nossas novidades: @bonbinibooks

Este livro foi comercializado pela Livraria Internacional Buobooks. Caso apresente algum defeito, entre em contato com: atendimento@buobooks.com.

ISBN 978-65-86389-52-4

Escrito por **Aloma**

Produção coordenada por **Suria Scapin**

Ilustrado e diagramado por **Daniela Fujiwara**

Fotos de **Dreamstime.com**

Foto de capa de **Anetta | Dreamstime.com**

www.bonbinibooks.com

Lightning Source UK Ltd.
Milton Keynes UK
UKHW050749140223
416940UK00010B/229

9 786586 389524